어르신 두뇌 자극을 위한

숫자
활동북

이름 _____

나이 _____

생년월일 _____

전화번호 _____

주소 _____

책 소개

우리의 뇌가 빠르게 반응하고, 오래도록 건강하려면 어떻게 해야 할까요?
책과 연필을 가까이하고, 새로운 그림과 사진을 자주 보고, 간단한 문제를 풀며
머릿속에 재미있는 자극을 자꾸 주어야 합니다.

이 책에는 숫자와 관련된 쉽고 재미있는 문제들을 구성하였습니다.
다양한 문제들로 뇌를 가볍게 자극해 보세요. 긍정적인 기분으로 부담 없이
풀어 나가다 보면 어느새 건강한 두뇌와 활력으로 매일매일
새로운 하루를 보내실 수 있을 것입니다.

 첫째, 숫자 놀이

다양한 놀이로 매일매일 즐겁게
활동할 수 있도록 구성하였습니다.
앞에서부터 차례로 활동해도 좋고,
마음에 드는 쪽부터 골라
먼저 해도 좋습니다.

색칠하기

달력 만들기

 둘째, 숫자 세기

세기를 통해 숫자 감각을
일깨우고 확인할 수 있습니다.
다양한 방법으로 숫자를
세어 봅니다.

점 잇기

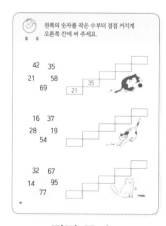

점점 큰 수

셋째, 숫자 연산

사칙 연산을 하면서 숫자를
이리저리 다루어 봅니다.
그림 연산부터 숫자 연산까지
아주 쉬운 단계부터 천천히
나아갑니다.

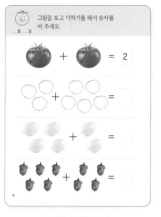

그림 더하기

구구단

 ## 넷째, 일상 활용

우리의 일상생활은 숫자로
이루어져 있다고 해도
과언이 아닙니다.
일상생활에서 만나게 되는
다양한 상황을 통해 뇌를
골고루 자극해 봅니다.

동·호수 찾기

전화번호 기억하기

 ## 다섯째, 돈 계산

돈과 관련하여 실생활에서
마주치게 되는 다양한
문제를 통해 자신감을
기르고 두뇌를 활발하게
사용할 수 있습니다.

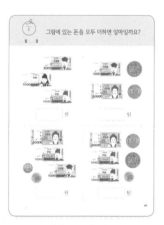

현금 세기

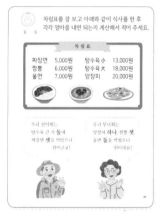

음식 값 계산하기

 ## 정답

모든 문제의 정답을
큼직큼직하게 담았습니다.
문제를 풀다가 참고하여도 좋고,
정답이 필요 없는 쉬운 문제도
한번 매겨 보면서 어린 시절의 추억을
되살려 보는 것도 좋겠습니다.

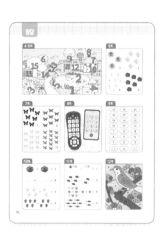

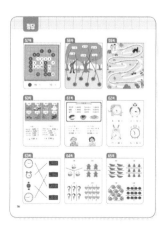

그림 속에서 1부터 15까지의 숫자를 찾아 색칠해 주세요.

___월 ___일

5

그림이 몇 개인지 세어서 써 주세요.

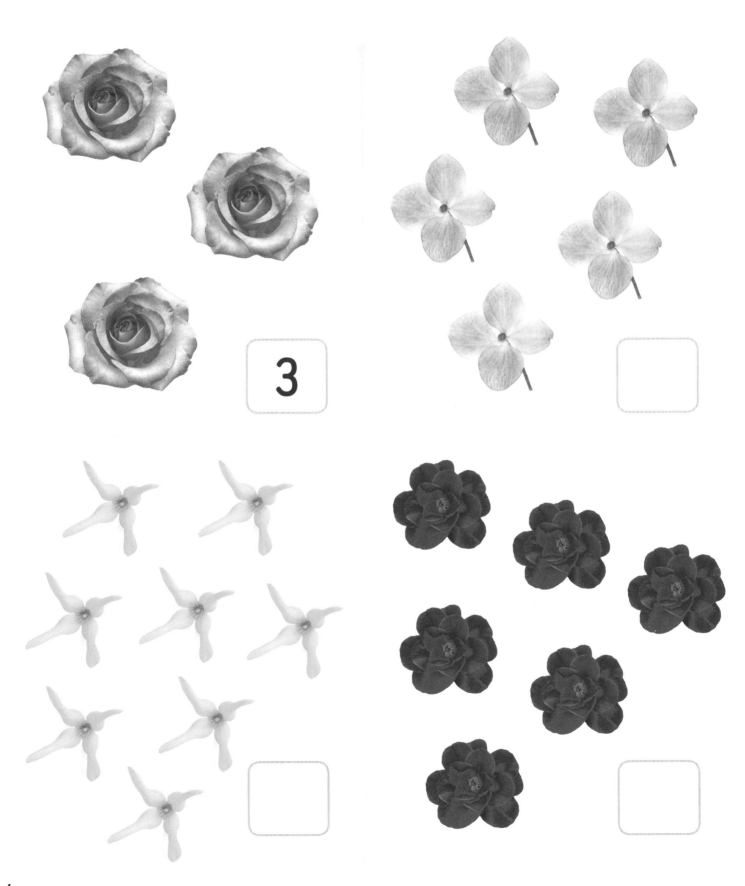

3

그림이 몇 개인지 세어서 써 주세요.

그림을 잘 보고 빈칸에 필요한 숫자를 써 주세요.

그림을 잘 보고 빈칸에 필요한 숫자를
써 주세요.

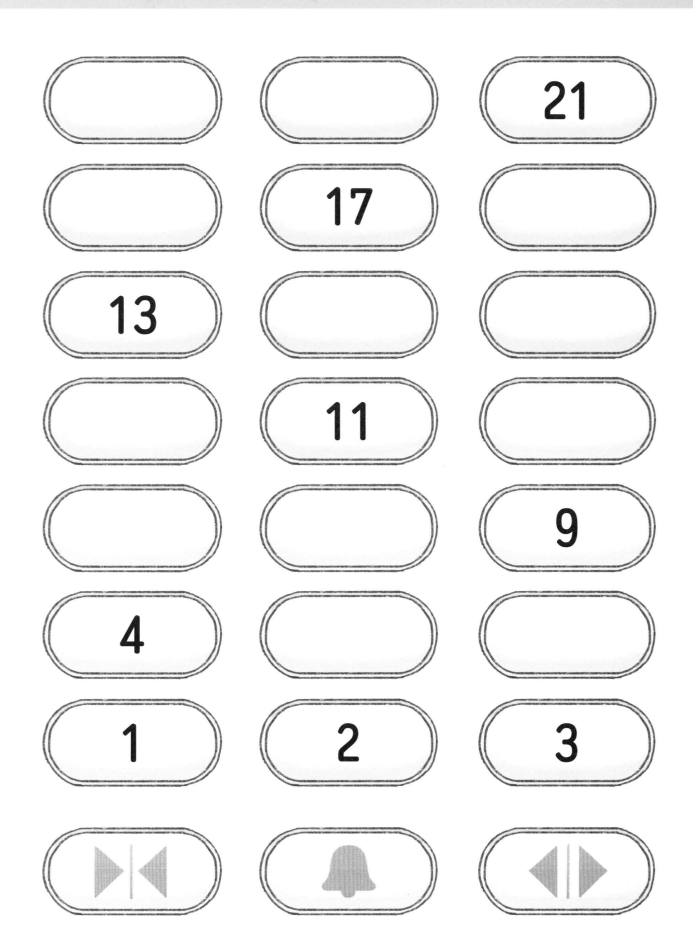

		21
17		
13		
	11	
		9
4		
1	2	3

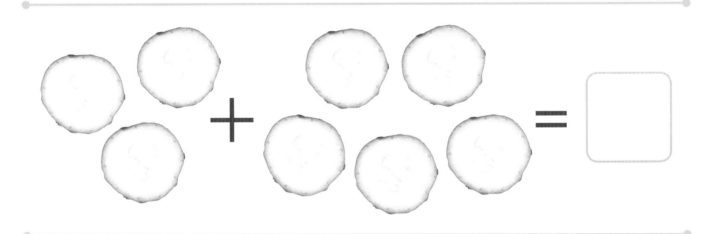

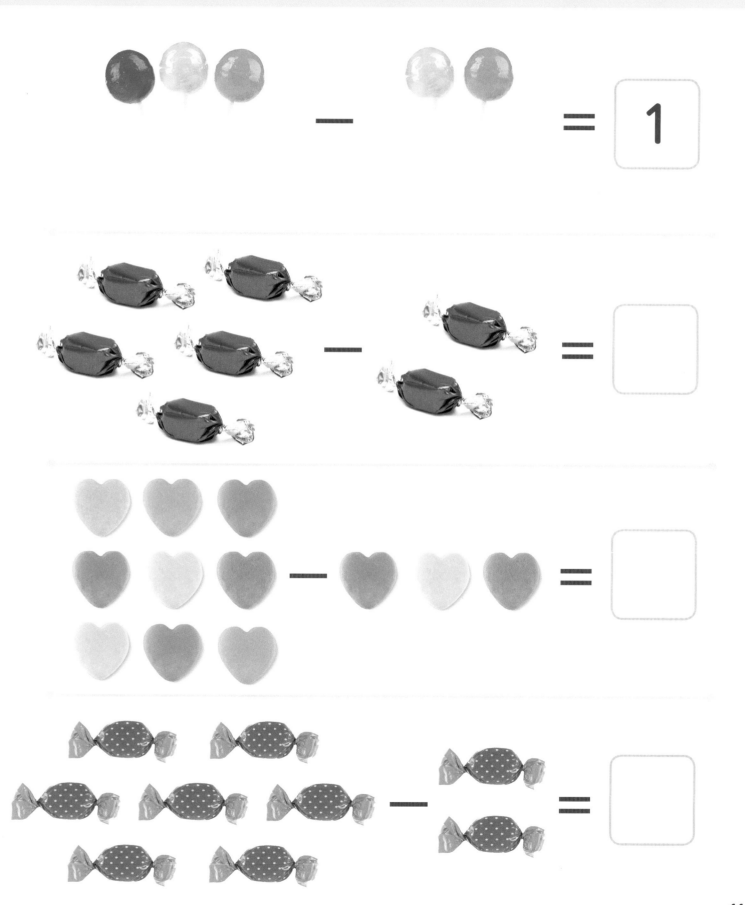

칸 안에 있는 숫자와 같은 색으로 색칠해서 그림을 완성해 주세요.

칸 안에 있는 숫자와 같은 색으로 색칠해서 그림을 완성해 주세요.

| 1 | 2 | 3 | 4 | 5 | 6 |

1부터 20까지 순서대로 점을 이어서
그림을 완성하고 색칠해 주세요.

___월 ___일

11•

•10

13 9 20

19

1 6

5

12

14• •18

7

2 8 4

3

15 17

16

14

35

42

36

41

34

40

37

39

38

32

44

33   43

46

45

47   48

31   50   49

나이에 알맞은 사람이 연결되도록
선을 그어 주세요.

9세　　·

78세　　·

32세　　·

1세　　·

사이즈에 맞는 신발이 연결되도록
길을 따라가 주세요.

160mm   235mm   100mm   295mm

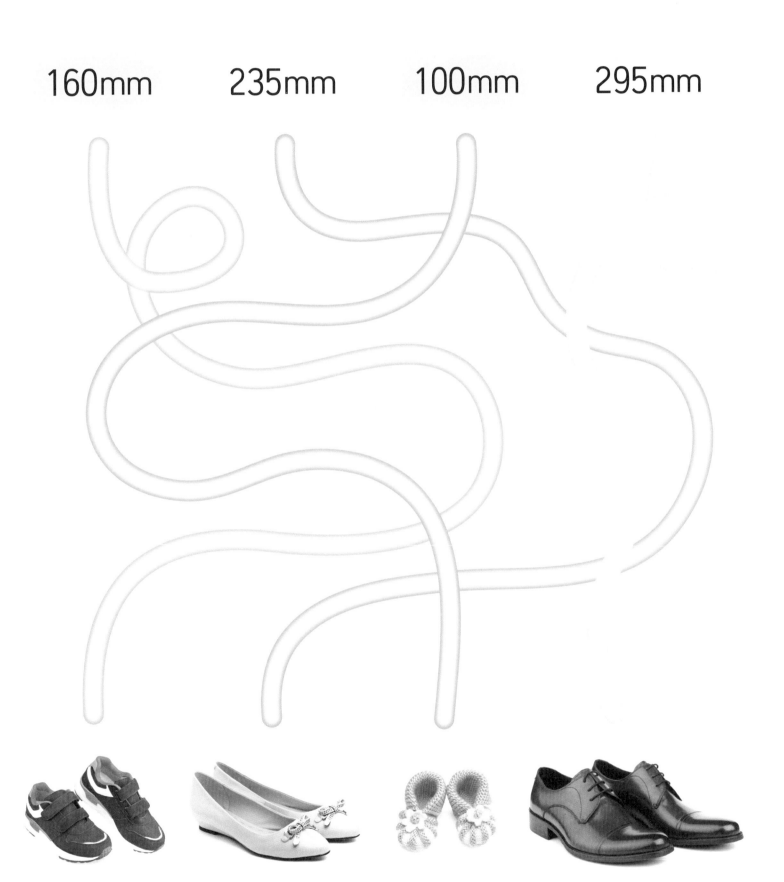

더하기를 해서 나온 답만큼 그림을
색칠해 주세요.

월 __ 일

1 + 2 =

6 + 1 =

2 + 3 =

4 + 4 =

빼기를 해서 나온 답만큼 그림을
색칠해 주세요.

4 - 3 =

8 - 2 =

6 - 4 =

10 - 5 =

그림 속에서 아래 동물과 물건들을 찾아
세어 보고 각각 몇 개인지 써 주세요.

그림 속에서 아래 물건들을 찾아 세어 보고 각각 몇 개인지 써 주세요.

숫자가 차례로 이어지도록 빈칸에
알맞은 수를 써 주세요.

21	41	65
22	42	66
23		
24	44	68
26	46	
27		71
		72
	49	
30		74

〈보기〉처럼 숫자가 가로세로로 이어지도록
빈칸에 알맞은 수를 써 주세요.

보기

23	24	25	26
	25		
	26		

	55		
			58
	57		

66			82
	81		83	84
69			85
	72	73		88

사람들이 이야기하는 집을 찾아 선으로 연결해 주세요.

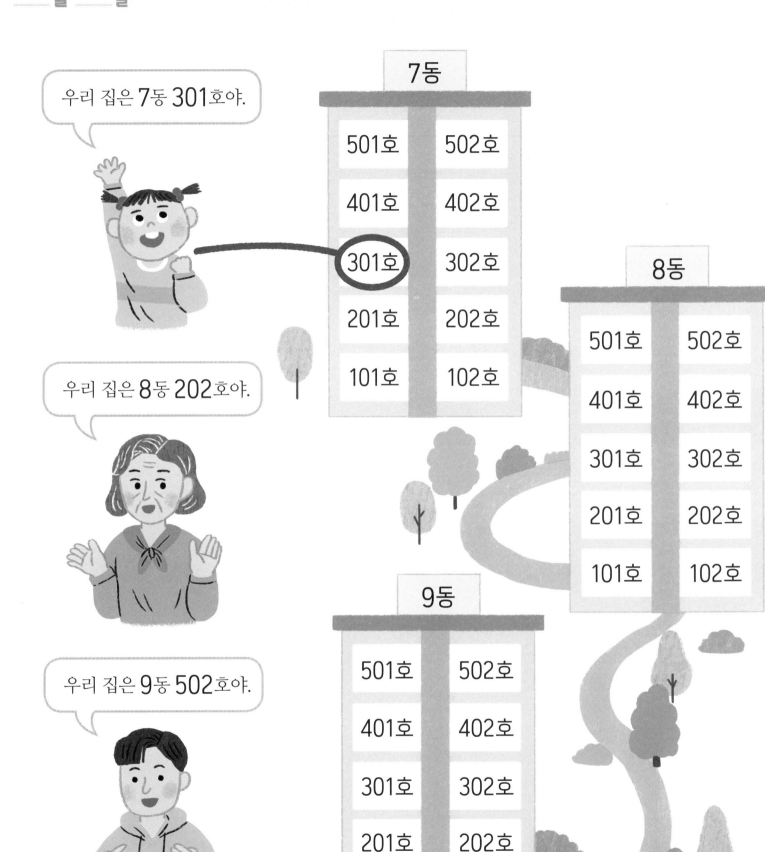

우리 집은 7동 301호야.

우리 집은 8동 202호야.

우리 집은 9동 502호야.

7동

501호	502호
401호	402호
301호	302호
201호	202호
101호	102호

8동

501호	502호
401호	402호
301호	302호
201호	202호
101호	102호

9동

501호	502호
401호	402호
301호	302호
201호	202호
101호	102호

104동

1701호	1702호
1601호	1602호
1501호	1502호
1401호	1402호
1301호	1302호
1201호	1202호
1101호	1102호
1001호	1002호

105동

1701호	1702호
1601호	1602호
1501호	1502호
1401호	1402호
1301호	1302호
1201호	1202호
1101호	1102호
1001호	1002호

우리 집은
104동 1402호야.

우리 집은
701동 608호야.

701동

606호	607호	608호
506호	507호	508호
406호	407호	408호
306호	307호	308호
206호	207호	208호
106호	107호	108호

702동

606호	607호	608호
506호	507호	508호
406호	407호	408호
306호	307호	308호
206호	207호	208호
106호	107호	108호

우리 집은
702동 407호야.

더해서 10이 되는 수 2가지를 찾아
○를 해 주세요.

(5)   3   8   4   (5)

7   8   4   2   5

4   1   6   2   3

4   5   7   1   2   3

9   4   1   7   5   8

26

더해서 앞의 수가 되는 수 2가지를 찾아 ○를 해 주세요.

11   2   ⑥   8   7   ⑤

13   10   6   9   3   5

15   8   3   1   4   11

19   2   14   4   7   6   5

20   12   6   3   15   8   4

빈칸에 알맞은 숫자를 쓰고
색칠해서 달력을 완성해 주세요.

1월

일	월	화	수	목	금	토
1	2				6	7
		10				
15				19		21
22 설날		24	25			28
29		31				

28

빈칸에 알맞은 숫자를 쓰고
색칠해서 달력을 완성해 주세요.

_____월 _____일

8월

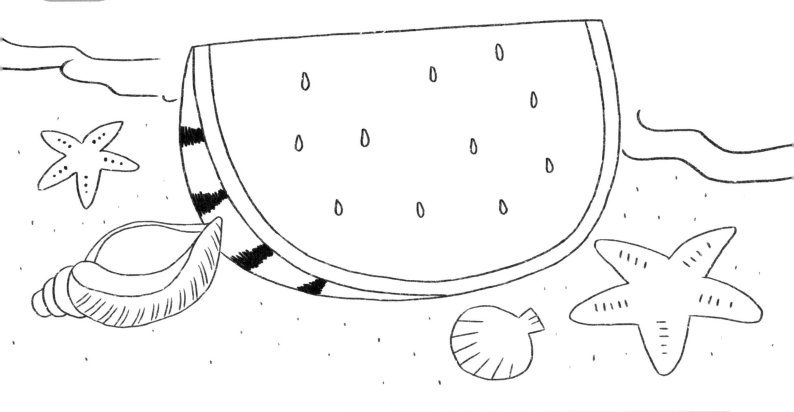

일	월	화	수	목	금	토
		1	2			5
6			10			
	14	15 광복절				
20					25	
				31		

2씩 띄어 세며 점을 이어서 그림을
완성하고 색칠해 주세요.

5씩 띄어 세며 점을 이어서 그림을 완성하고 색칠해 주세요.

5

45

50

40

35

10

15

30

20

25

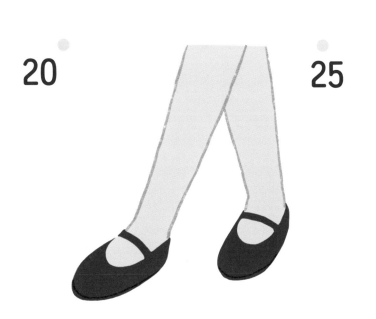

저울의 눈금을 잘 보고 몸무게가
몇 kg인지 써 주세요.

↑ **64** kg

↑ [   ] kg

↑ [   ] kg

↑ [   ] kg

키 재기 자의 눈금을 잘 보고 키가
몇 cm인지 써 주세요.

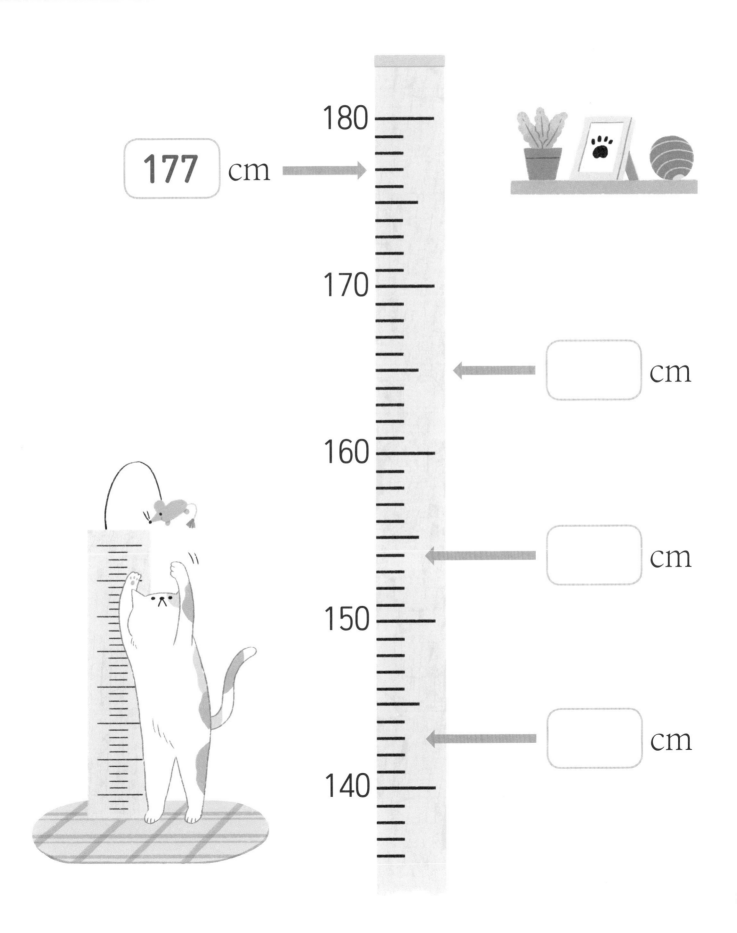

177 cm →

180

170

← ⬚ cm

160

← ⬚ cm

150

← ⬚ cm

140

위의 숫자를 만들기 위해 필요한 만큼
주사위에 점을 그려 주세요.

___월 ___일

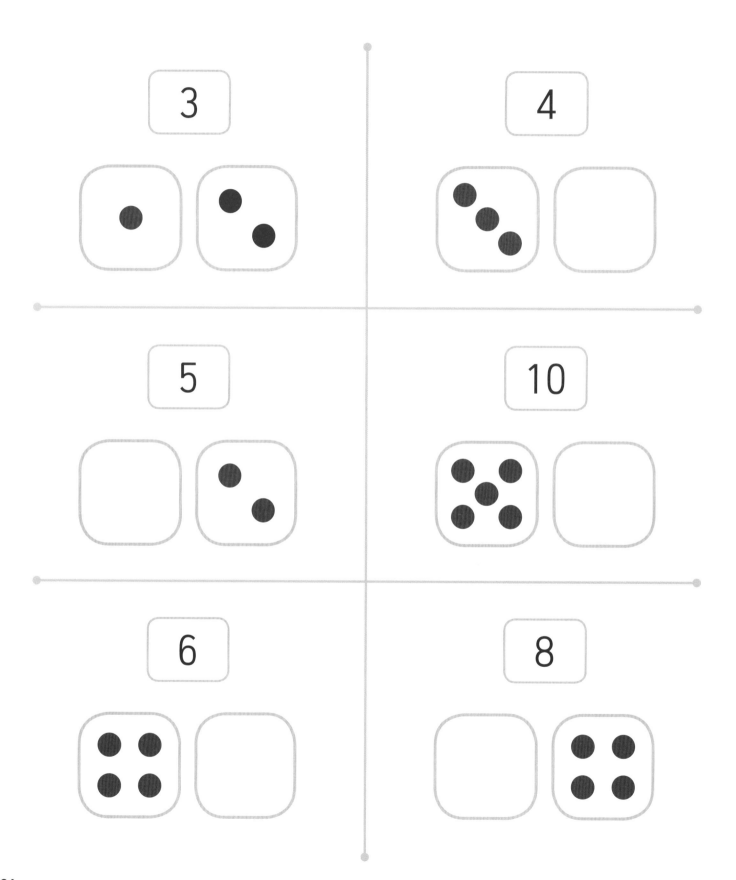

34

위의 숫자를 만들기 위해 필요하지 않은 그림은 빗금을 쳐서 지워 주세요.

___월 ___일

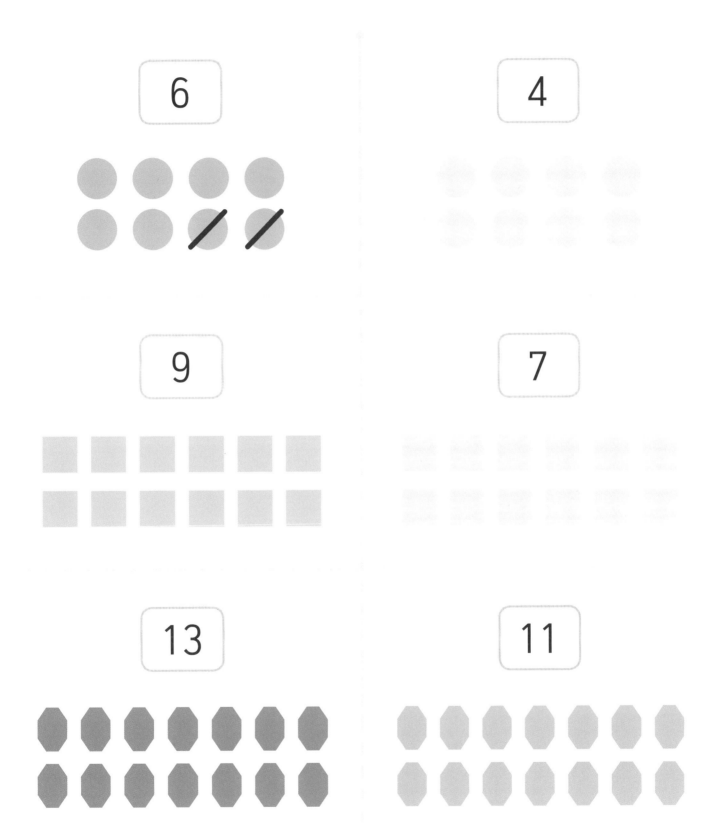

칸 안에 있는 숫자와 같은 색으로
색칠해서 그림을 완성해 주세요.

			3	3	3			
		3				3		
1	1	1	1	1	1	1	1	1
1	2	2	2	2	2	2	2	1
1	4	4	1	1	1	4	4	1
1	4	4	5	5	5	4	4	1
1	5	5	5	5	5	5	5	1
1	1	1	1	1	1	1	1	1

칸 안에 있는 숫자와 같은 색으로
색칠해서 그림을 완성해 주세요.

| 1 | 2 | 3 | 4 | 5 | 6 |

				2	1		
				4	2		
			1	2	6	2	
		6	2	5	2	1	2
2	2	4	2	6	2	6	2
2	1	2	1	2	4	2	5
4	2	6	2	5	2	1	2
	5	2	4	2	6	2	
			3	3			

왼쪽의 숫자를 작은 수부터 점점 커지게
오른쪽 칸에 써 주세요.

42   35

21   58

        69

35

21

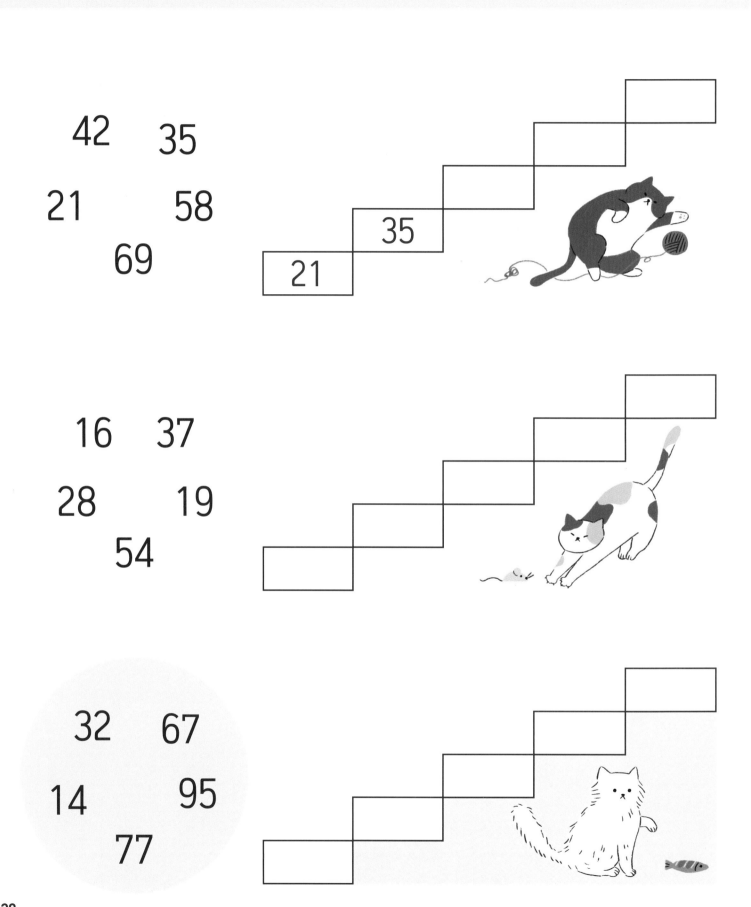

16   37

28   19

    54

32   67

14   95

    77

왼쪽의 숫자를 큰 수부터 점점 작아지게
오른쪽 칸에 써 주세요.

61   12

93   46

23

| 93 |
| 61 |

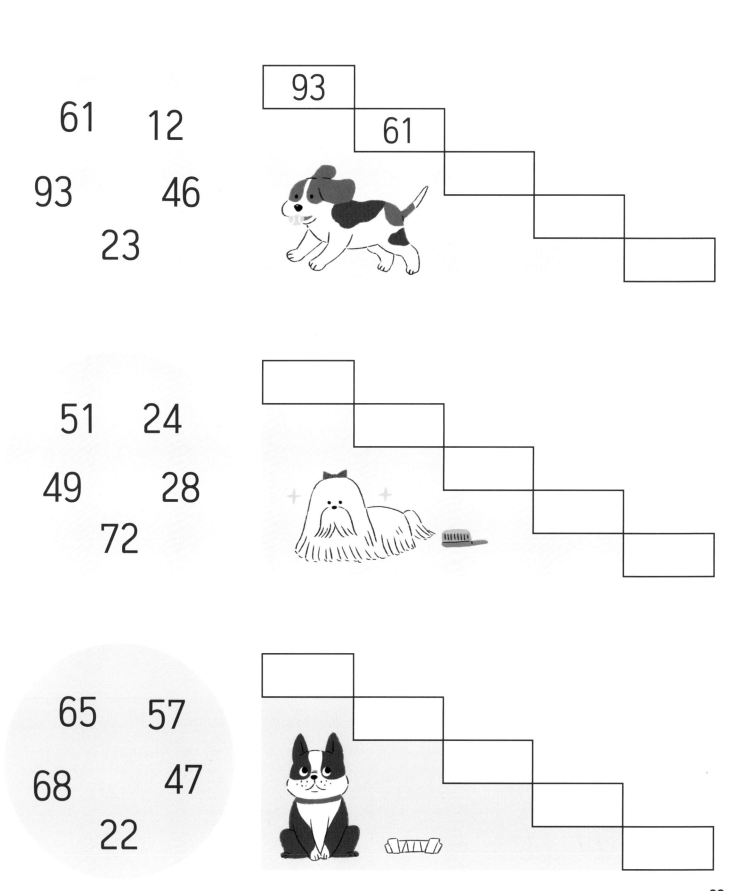

51   24

49   28

72

65   57

68   47

22

은행 창구의 번호와 대기 번호표를 보고 알맞은 것끼리 선을 그어 주세요.

대기 번호표

대기 번호 : _____19_____

대기 순번 : _____3_____
입장 인원 : _____0_____

대기 번호표

대기 번호 : _____505_____

대기 순번 : _____0_____
입장 인원 : _____0_____

대기 번호표

대기 번호 : _____207_____

대기 순번 : _____54_____
입장 인원 : _____0_____

당첨 번호와 같은 숫자를 아래 복권 종이에서 모두 찾아 **O**를 해 주세요.

제 1 회 사과 복권 당첨 번호

07　99　54　82　03　48

사과복권
APPLEBEE

68	52	(99)	01
42	03	25	07
04	27	09	31
48	04	54	82

사과복권
APPLEBEE

82	12	60	48
67	99	03	13
22	64	07	02
54	22	08	11

<보기>의 설명을 잘 보고 숫자 피라미드를
완성해 주세요.

___월 ___일

보기

		8
	↗ + ↖
3		5
↗ + ↖		↗ + ↖

➡

```
        8
      ↗ + ↖
    3       5
  ↗ + ↖   ↗ + ↖
2    1    4       2    1    4
```

- 숫자 피라미드 : 가장 아래에 있는 수부터, 나란히 있는 두 칸의 수를 더해서
  바로 위 칸에 적어 줍니다.

5   3   3

6   8   1   10   2   6

<보기>의 설명을 잘 보고 빈칸에
알맞은 숫자를 써 주세요.

보기

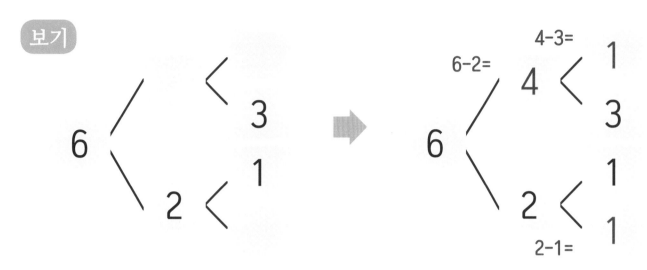

● 숫자 가르기 : 앞의 수를 두 개로 갈라 위아래에 적습니다.
　　　　　　6을 가를 때 아래에 2가 이미 있으므로, 위에는 4가 들어갑니다.

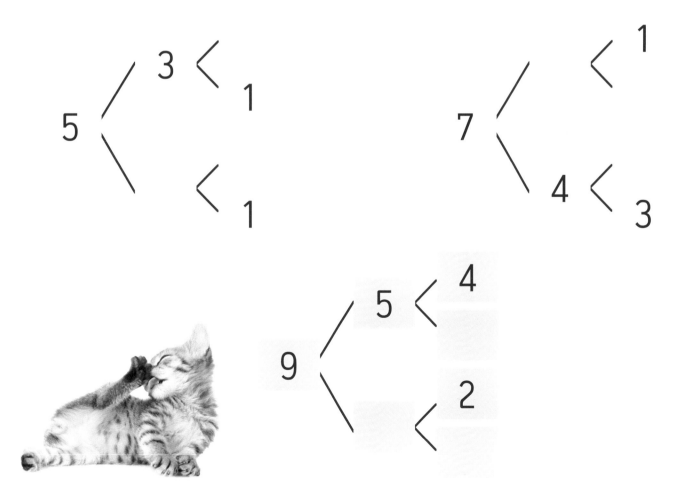

그림에 있는 돈을 모두 더하면 얼마일까요?

1,200 원

원

원

원

그림에 있는 돈을 모두 더하면 얼마일까요?

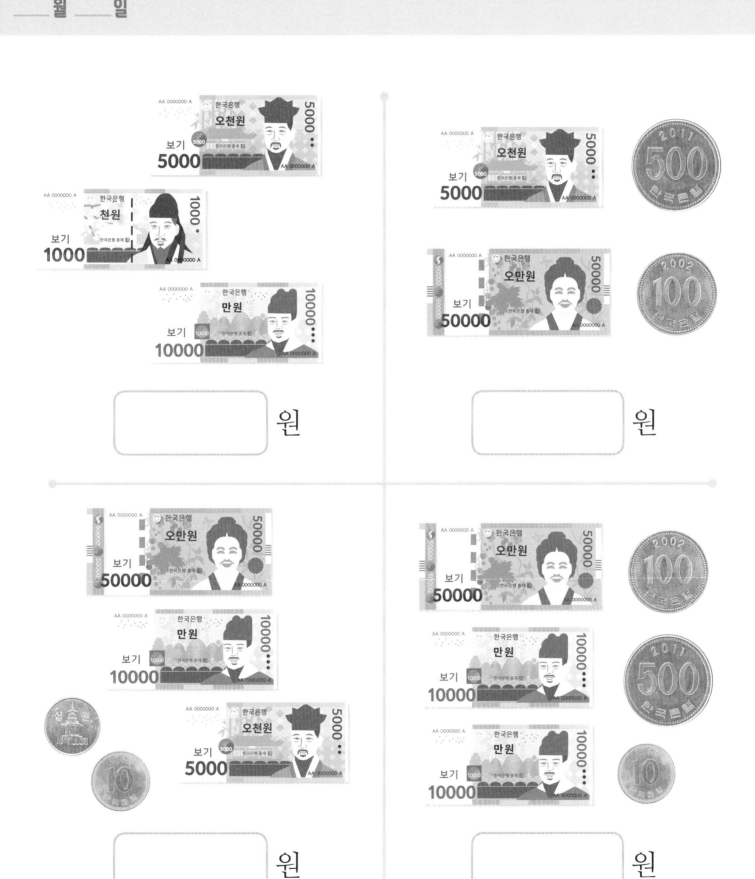

원

원

원

원

숫자와 세는 말이 같게 들어 있는 물고기만 찾아서 색칠해 주세요.

50
쉰

26
서른여섯

35
서른다섯

22
스물둘

74
일흔넷

19
열아홉

54
예순일곱

41
여든하나

숫자와 세는 말이 같은 모양을 찾아서
선으로 연결하고 색칠해 주세요.

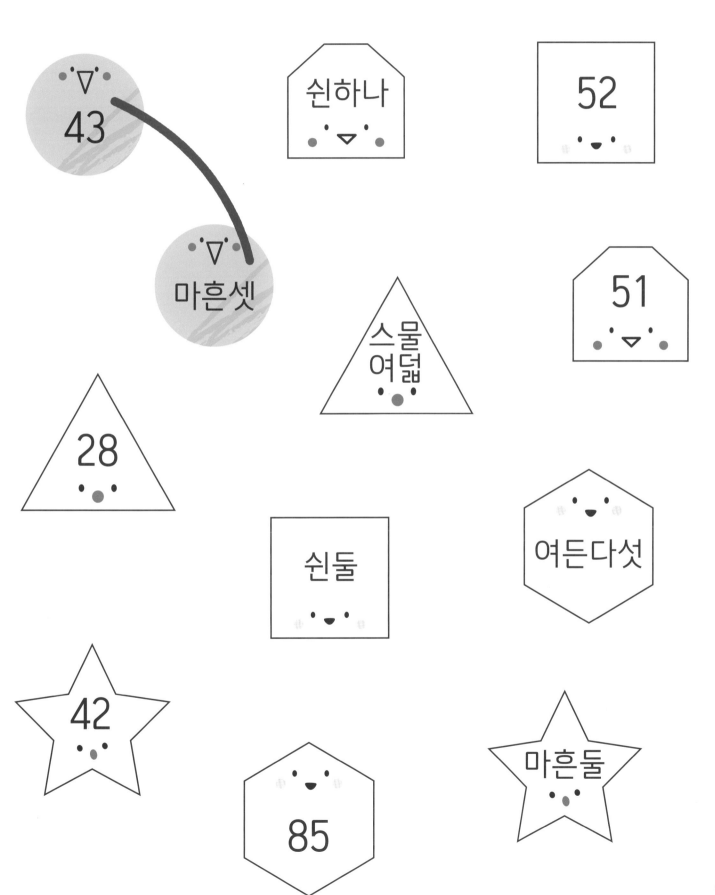

43

마흔셋

쉰하나

52

스물
여덟

51

28

쉰둘

여든다섯

42

85

마흔둘

오른쪽 노선도를 잘 보고 어떤 버스를 타야 하는지 빈칸에 알맞은 숫자를 써 주세요.

행복도서관 에 가려면

4772 번을 타고

8 정거장을 가야 하는구나.

신남동 에 가려면

_____ 번을 타고

_____ 정거장을 가야 하는구나.

민물낚시터 에 가려면

_____ 번을 타고

_____ 정거장을 가야 하는구나.

4772번

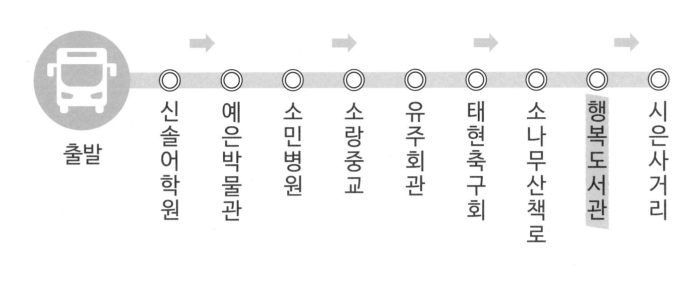

출발 → 신솔어학원 → 예은박물관 → 소민병원 → 소랑중교 → 유주회관 → 태현축구회 → 소나무산책로 → 행복도서관 → 시은사거리

193번

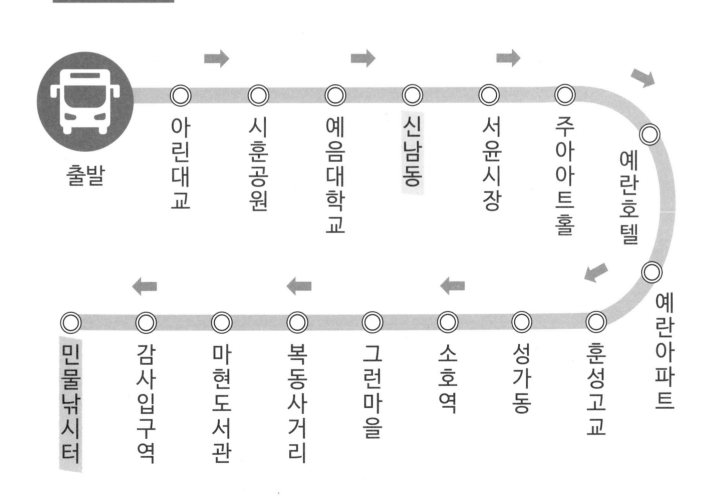

출발 → 아린대교 → 시훈공원 → 예음대학교 → 신남동 → 서윤시장 → 주아아트홀 → 예란호텔 → 예란아파트 → 훈성고교 → 성가동 → 소호역 → 그런마을 → 복동사거리 → 마현도서관 → 감사입구역 → 민물낚시터

● 위 표는 실제의 버스 노선도와는 다릅니다.

빈칸에 알맞은 숫자를 써서 구구단을
완성해 주세요.

2단

$2 \times 1 = 2$

$2 \times 2 = 4$

$2 \times 3 =$

$2 \times 4 = 8$

$2 \times 5 = 10$

$2 \times 6 =$

$2 \times 7 =$

$2 \times 8 = 16$

$2 \times 9 =$

5단

$5 \times 1 = 5$

$5 \times 2 =$

$5 \times 3 =$

$5 \times 4 = 20$

$5 \times 5 =$

$5 \times 6 = 30$

$5 \times 7 =$

$5 \times 8 =$

$5 \times 9 = 45$

4단

4 × 1 = 4

4 × 2 =

4 × 3 =

4 × 4 =

7단

7 × 5 =

7 × 6 = 42

7 × 7 =

7 × 8 =

8단

8 × 2 =

8 × 3 =

8 × 4 = 32

8 × 5 =

영수증을 잘 보고 합계 금액이 얼마인지 적어 주세요.

영 수 증

상품명	단가	수량	금액
수건	5,000	1	5,000
빗	1,500	1	1,500
치약	2,000	2	4,000

합계 금액 [   ] 원

영 수 증

상품명	단가	수량	금액
컵	4,000	2	8,000
수세미	2,500	1	2,500
주전자	8,000	1	8,000

합계 금액 [   ] 원

영수증을 잘 보고 합계 금액이 얼마인지 적어 주세요.

_____월 _____일

영 수 증

상품명	단가	수량	금액
아메리카노	4,000	2	8,000
카페라떼	4,500	1	4,500
오렌지주스	5,000	1	5,000
조각케이크	3,000	1	3,000

합계 금액 [   ] 원

영 수 증

상품명	단가	수량	금액
소시지빵	3,800	1	3,800
소보로	1,500	1	1,500
찰도넛	1,200	2	2,400
꽈배기	2,000	2	4,000

합계 금액 [   ] 원

왼쪽의 숫자를 오른쪽에서 순서에 맞게 찾아 ⭕를 해 주세요.

123 5 0 1 7 ⟨1 2 3⟩ 8 6

584 4 5 9 7 8 1 5 8 4

365 2 3 6 5 8 9 4 3 1

471 3 8 9 5 4 7 1 4 7

아래의 숫자를 가로, 세로, 대각선으로
순서에 맞게 찾아 ○를 해 주세요.

___월 ___일

9	4	8	6	0	9	7
7	9	2	6	2	7	1
4	5	2	3	9	8	2
5	7	9	0	8	7	2
1	3	5	3	2	1	4
7	0	6	1	9	3	0

✔ 486   978   517

1224   2023   7926

검은 돌은 검은 돌끼리, 흰 돌은 흰 돌끼리
숫자를 쓰며 세어서 각각 몇 개인지 써 주세요.

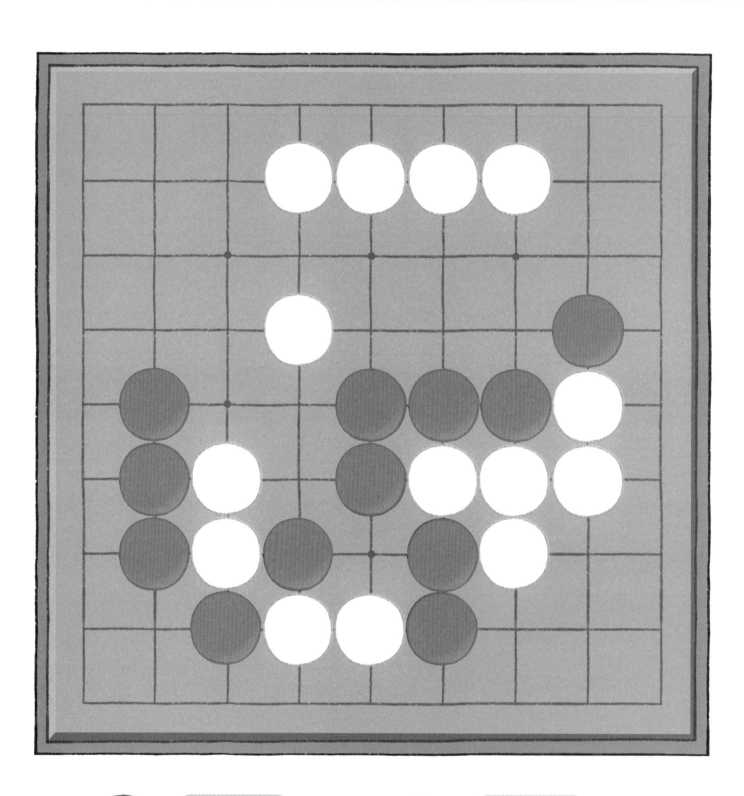

개   개

56

검은 돌은 검은 돌끼리, 흰 돌은 흰 돌끼리
숫자를 쓰며 세어서 각각 몇 개인지 써 주세요.

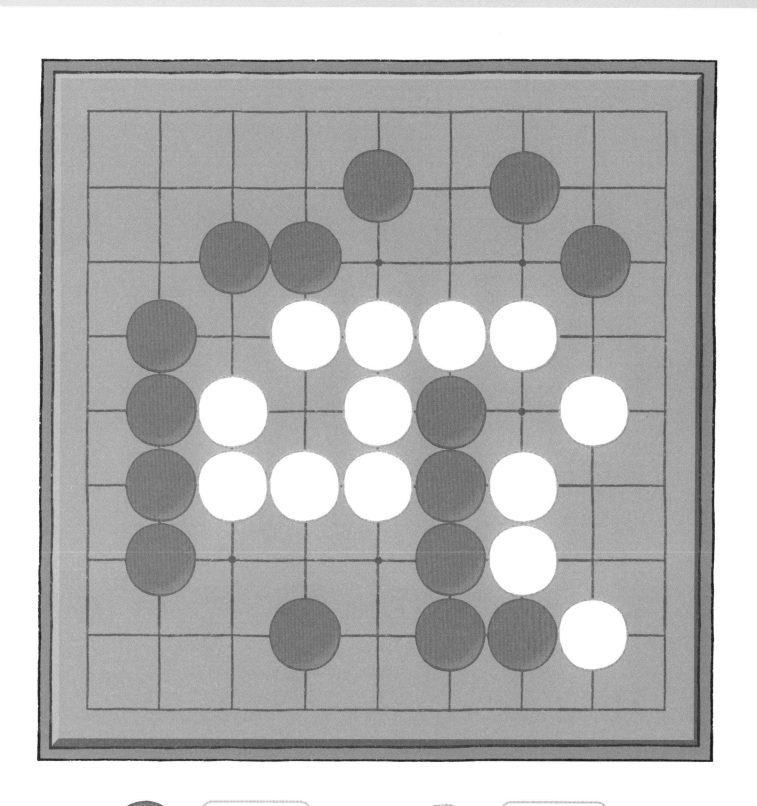

개 　 개

곱셈의 알맞은 답이 적힌 사과를 찾아
선으로 연결해 주세요.

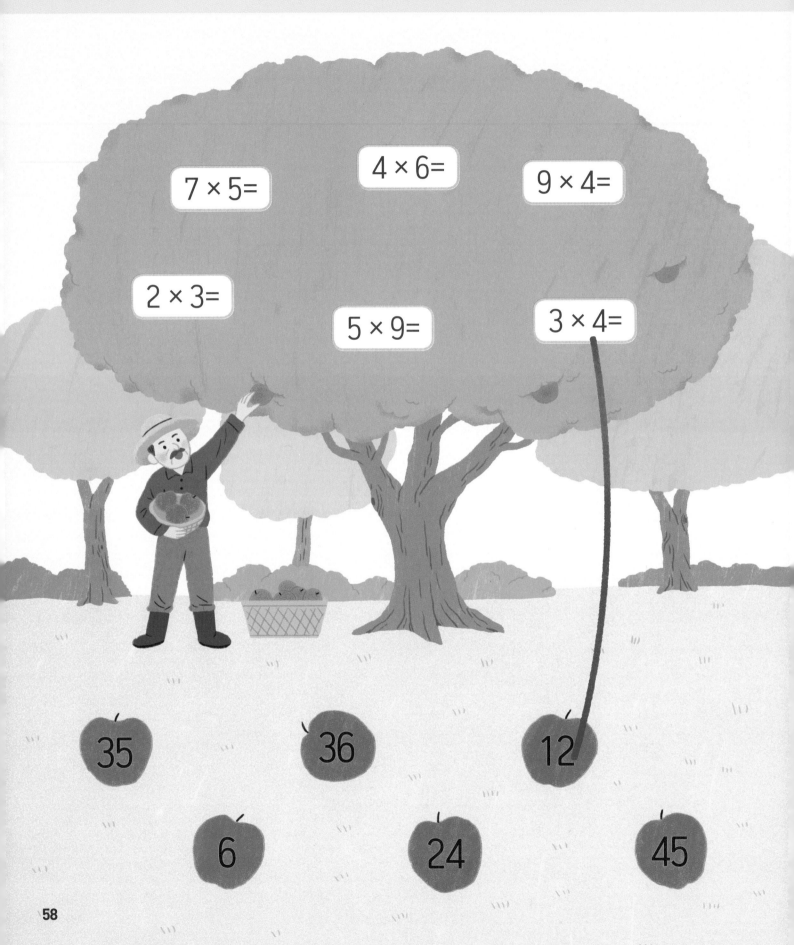

$7 \times 5 =$

$4 \times 6 =$

$9 \times 4 =$

$2 \times 3 =$

$5 \times 9 =$

$3 \times 4 =$

35

36

12

6

24

45

곱셈의 알맞은 답을 따라 미로를 찾아가 주세요.

____월 ____일

출발

$2 \times 1 =$

2

5

$5 \times 5 =$

25

30

$6 \times 7 =$

42

48

$9 \times 9 =$

81

88

$8 \times 3 =$

24

28

도착

가격을 잘 보고 아래와 같이 물건을 사면
각각 얼마가 나올지 계산해서 적어 주세요.

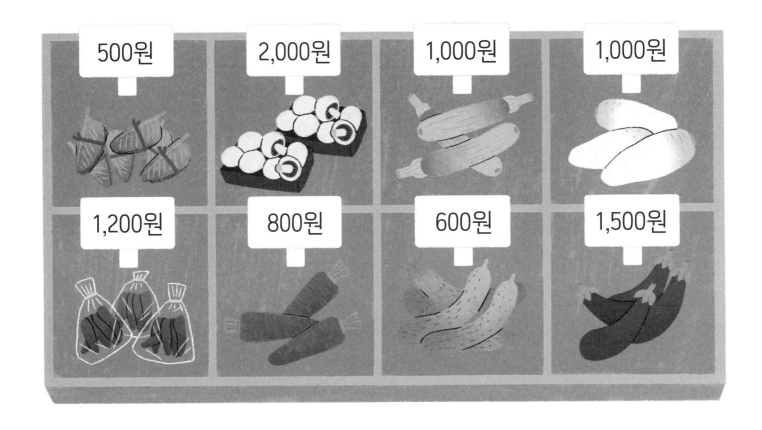

장 볼 것

깻잎 4단 _____ 원
애호박 2개 _____ 원
오이 3개 _____ 원
가지 1개 _____ 원

➡ 총 _____ 원

장 볼 것

양송이 4바구니 _____ 원
무 2개 _____ 원
당근 5개 _____ 원
고추 3봉지 _____ 원

➡ 총 _____ 원

차림표를 잘 보고 아래와 같이 식사를 한 후
각각 얼마를 내면 되는지 계산해서 적어 주세요.

차 림 표

짜장면	5,000원	탕수육 小	13,000원
짬뽕	6,000원	탕수육 大	18,000원
울면	7,000원	양장피	20,000원

우리 산악회는
탕수육 큰 거 **둘**에
짜장면 **셋**을 먹었으니
원이군요!

우리 부녀회는
양장피 **하나**, 짬뽕 **셋**,
울면 **둘**을 먹었으니
원이네요!

시계를 잘 보고 몇 시인지 아래에 써 주세요.

☐ 시 ☐ 분

☐ 시 ☐ 분

☐ 시 ☐ 분

☐ 시 ☐ 분

같은 시간을 나타내고 있는 시계끼리 선으로 연결해 주세요.

___월 ___일

선을 그어 아래의 간식을 사람 수에 맞게
똑같은 개수로 나누어 주세요.

3명

2명

3명

4명

64

선을 그어 아래의 간식을 사람 수에 맞게 똑같은 개수로 나누어 주세요.

4명

3명

5명

6명

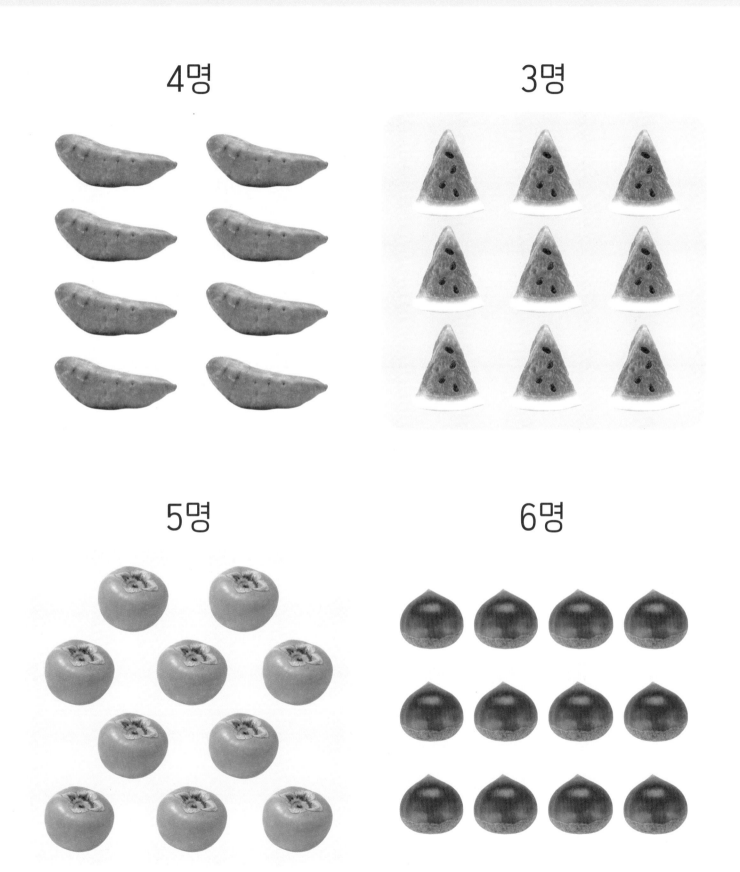

왼쪽의 비밀번호를 하나씩 들여다보세요.
종이를 접고 기억해서 오른쪽에 적어 보세요.

◀ 점선을 따라 종이를 안으로 접어 주세요.

5837

4762

820809

오른쪽의 전화번호를 하나씩 들여다보세요.
종이를 접고 기억해서 왼쪽에 적어 보세요.

점선을 따라 종이를 안으로 접어 주세요. ➡

011-
6776-
1353

018-
8319-
1250

016-
2240-
7224

● 위 번호는 현재는 사용되지 않는 번호입니다.

나눗셈의 알맞은 답이 적힌 비눗방울을
찾아 선으로 연결해 주세요.

$10 \div 2 =$  5

2

$18 \div 2 =$

6

9

$16 \div 8 =$

7

$35 \div 5 =$

$24 \div 4 =$

8

$48 \div 6 =$

나눗셈의 알맞은 답을 따라 미로를
찾아가 주세요.

출발

$9 \div 3 =$
6
3

$32 \div 4 =$
8
10

$24 \div 3 =$
4
8

$72 \div 9 =$
8
5

$54 \div 6 =$
9
4

도착

음식 값을 똑같이 나누면 한 사람이 얼마씩
내면 될지 빈칸에 써 주세요.

_____월 _____일

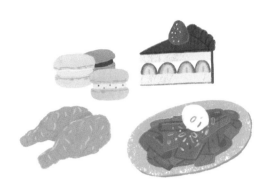

18,000원

3명

➡ 한 사람 당 [   ] 원

36,000원

4명

➡ 한 사람 당 [   ] 원

물건 값을 할부로 내면 한 달에 얼마씩
내면 될지 빈칸에 써 주세요.

120,000원

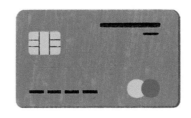

6개월 무이자

➡ 한 달에 [   ] 원

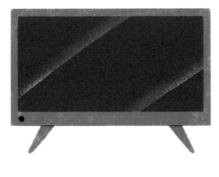

600,000원

12개월 무이자

➡ 한 달에 [   ] 원

4-5쪽

6쪽

7쪽

8쪽

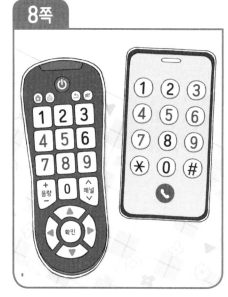

9쪽

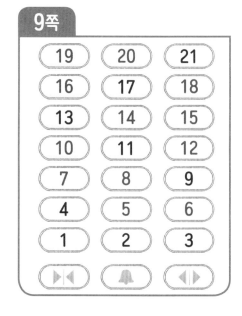

10쪽

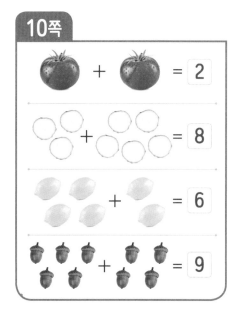

11쪽

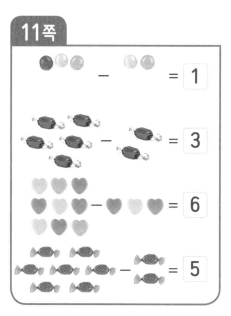

12쪽

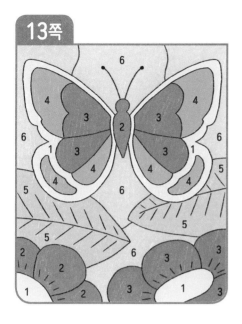

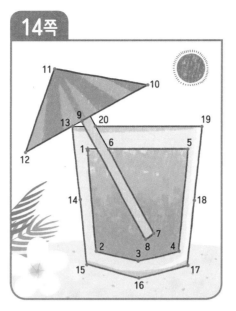

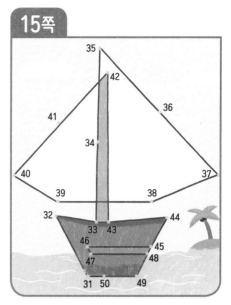

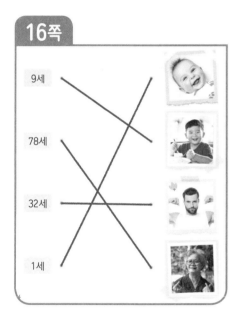

160mm 235mm 100mm 295mm

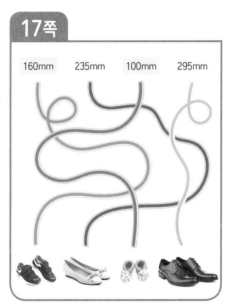

$1 + 2 =$

$6 + 1 =$

$2 + 3 =$

$4 + 4 =$

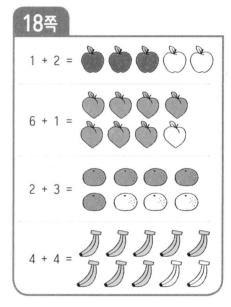

$4 - 3 =$

$8 - 2 =$

$6 - 4 =$

$10 - 5 =$

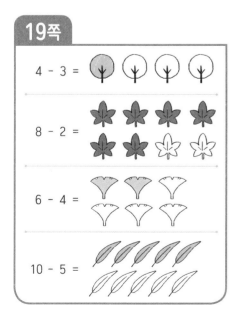

3   7   10

4   7   12

22쪽

21	41	65
22	42	66
23	43	67
24	44	68
25	45	69
26	46	70
27	47	71
28	48	72
29	49	73
30	50	74

23쪽

보기

23 **24** 25 26
25
26

55
56 57 **58**
57
58

66
67
68 81 82 **83** 84
69
70
71
71 **72 73** 74 75

82
83
84
85
86
87
88

24-25쪽

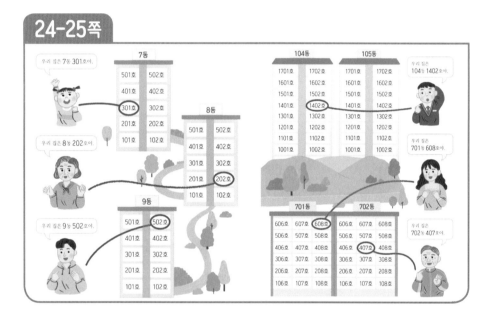

우리 집은 7동 301호야.
우리 집은 8동 202호야.
우리 집은 9동 502호야.
우리 집은 104동 1402호야.
우리 집은 701동 608호야.
우리 집은 702동 407호야.

26쪽

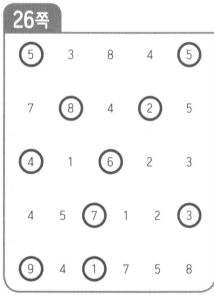

⑤	3	8	4	⑤
7	⑧	4	②	5
④	1	⑥	2	3
4	5	⑦	1	2	③
⑨	4	①	7	5	8

27쪽

11	2	⑥	8	7	⑤
13	⑩	6	9	③	5
15	8	3	1	④	⑪
19	2	⑭	4	7	6	⑤
20	⑫	6	3	15	⑧	4

28쪽

1월

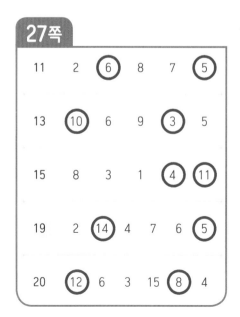

일	월	화	수	목	금	토
1	2	3	4	5	6	7
8	9	10	11	12	13	14
15	16	17	18	19	20	21
22	23	24	25	26	27	28
29	30	31				

29쪽

8월

일	월	화	수	목	금	토
		1	2	3	4	5
6	7	8	9	10	11	12
13	14	15	16	17	18	19
20	21	22	23	24	25	26
27	28	29	30	31		

30쪽

31쪽

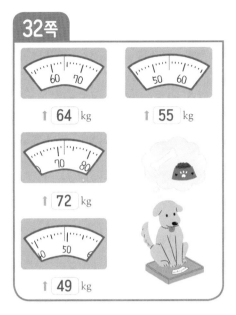

32쪽

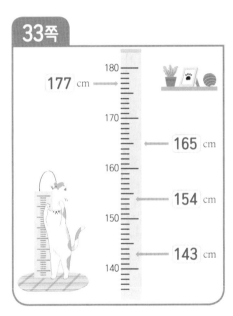

33쪽

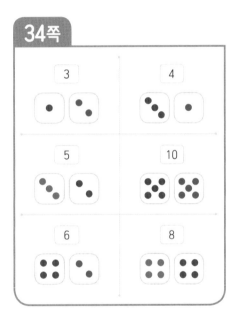

34쪽

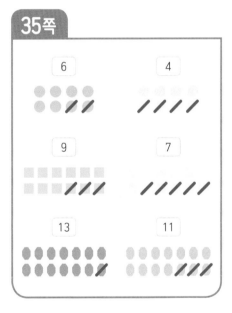

35쪽

36쪽 가방

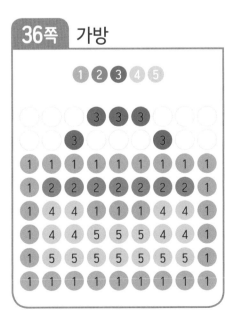

37쪽 트리

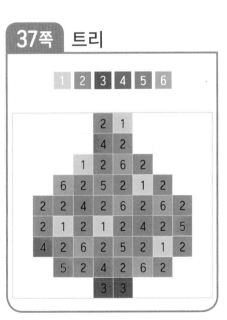

38쪽

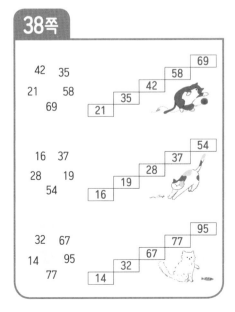

75

39쪽

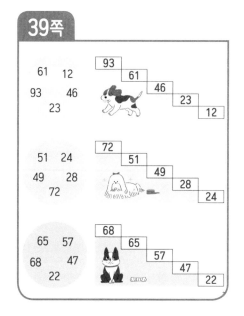

40쪽

41쪽

제 1 회 사과 복권 당첨 번호

42쪽

43쪽

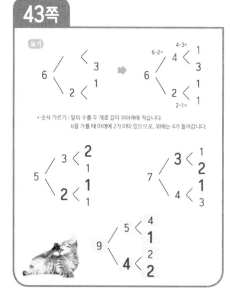

44쪽

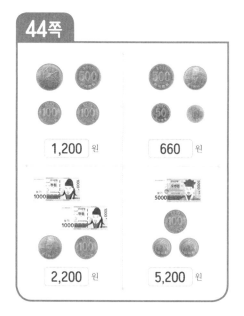

45쪽

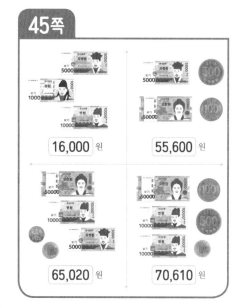

46쪽

47쪽

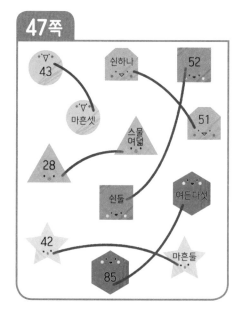

48-49쪽

행복도서관 에 가려면
4772 번을 타고
8 정거장을 가야 하는구나.

신남동 에 가려면
193 번을 타고
4 정거장을 가야 하는구나.

민물낚시터 에 가려면
193 번을 타고
16 정거장을 가야 하는구나.

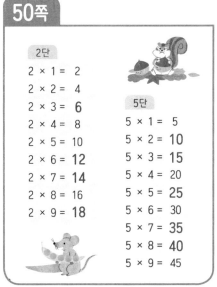

50쪽

2단

2 × 1 = 2
2 × 2 = 4
2 × 3 = **6**
2 × 4 = 8
2 × 5 = 10
2 × 6 = **12**
2 × 7 = **14**
2 × 8 = 16
2 × 9 = **18**

5단

5 × 1 = 5
5 × 2 = **10**
5 × 3 = **15**
5 × 4 = 20
5 × 5 = **25**
5 × 6 = 30
5 × 7 = **35**
5 × 8 = **40**
5 × 9 = 45

51쪽

4단

4 × 1 = 4
4 × 2 = **8**
4 × 3 = **12**
4 × 4 = **16**

7단

7 × 5 = **35**
7 × 6 = 42
7 × 7 = **49**
7 × 8 = **56**

8단

8 × 2 = **16**
8 × 3 = **24**
8 × 4 = 32
8 × 5 = **40**

52쪽

영 수 증

상품명	단가	수량	금액
수건	5,000	1	5,000
빗	1,500	1	1,500
치약	2,000	2	4,000

합계 금액 **10,500** 원

영 수 증

상품명	단가	수량	금액
컵	4,000	2	8,000
수세미	2,500	1	2,500
주전자	8,000	1	8,000

합계 금액 **18,500** 원

53쪽

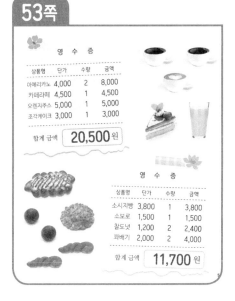

영 수 증

상품명	단가	수량	금액
아메리카노	4,000	2	8,000
카페라떼	4,500	1	4,500
오렌지주스	5,000	1	5,000
조각케이크	3,000	1	3,000

합계 금액 **20,500** 원

영 수 증

상품명	단가	수량	금액
소시지빵	3,800	1	3,800
소보로	1,500	1	1,500
찰도넛	1,200	2	2,400
파배기	2,000	2	4,000

합계 금액 **11,700** 원

54쪽

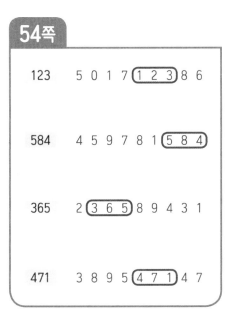

123   5 0 1 7 (1 2 3) 8 6

584   4 5 9 7 8 1 (5 8 4)

365   2 (3 6 5) 8 9 4 3 1

471   3 8 9 5 (4 7 1) 4 7

55쪽

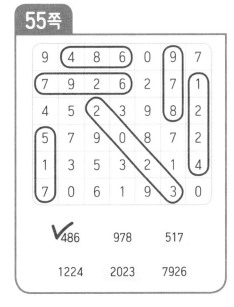

✓486   978   517

1224   2023   7926

56쪽

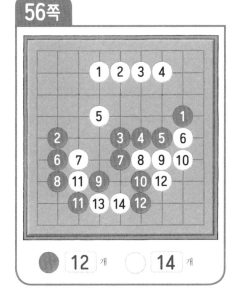

🔴 **12** 개   ⚪ **14** 개

정답

57쪽

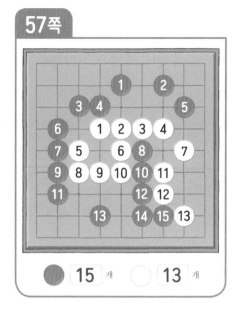

●: **15** 개　○: **13** 개

58쪽

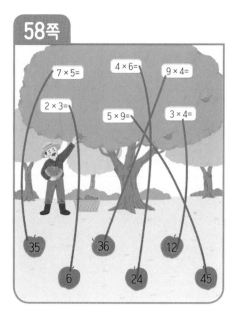

59쪽

60쪽

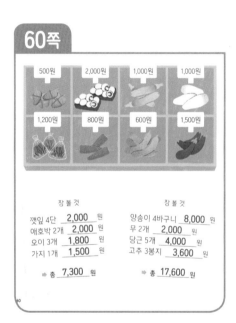

장 볼 것
깻잎 4단　**2,000** 원
애호박 2개　**2,000** 원
오이 3개　**1,800** 원
가지 1개　**1,500** 원
➡ 총 **7,300** 원

장 볼 것
양송이 4바구니　**8,000** 원
무 2개　**2,000** 원
당근 5개　**4,000** 원
고추 3봉지　**3,600** 원
➡ 총 **17,600** 원

61쪽

62쪽

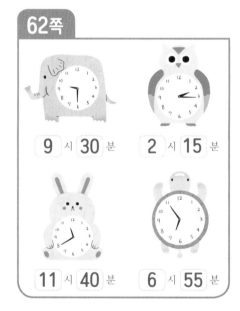

9 시 **30** 분　**2** 시 **15** 분

11 시 **40** 분　**6** 시 **55** 분

63쪽

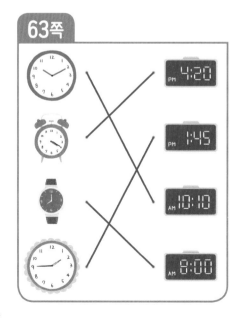

64쪽

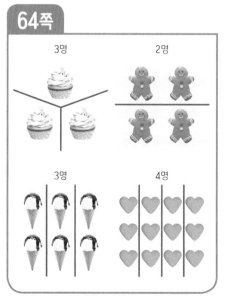

3명　2명

3명　4명

65쪽

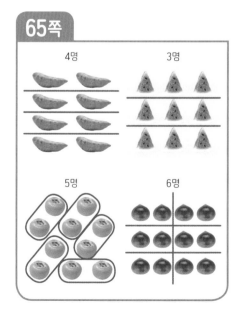

4명　3명

5명　6명

78

점선을 따라 종이를 안으로 접어 주세요.

5837　　5837

4762　　4762

820809　　820809

점선을 따라 종이를 안으로 접어 주세요.

011-6776
-1353

011-
6776-
1353

018-8319
-1250

018-
8319-
1250

016-2240
-7224

016-
2240-
7224

※ 위 번호는 현재는 사용되지 않는 번호입니다.

$10 \div 2 =$ 5

$18 \div 2 =$ 2

$16 \div 8 =$ 9

$35 \div 5 =$ 6

$24 \div 4 =$ 7

$48 \div 6 =$ 8

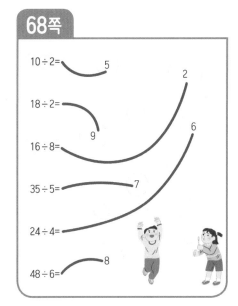

출발

$9 \div 3 =$　3　6

$32 \div 4 =$　9　10

$24 \div 3 =$　8

$72 \div 9 =$　8　5

$54 \div 6 =$　9　4

도착

18,000원　　3명

➡ 한 사람 당　6,000 원

36,000원　　4명

➡ 한 사람 당　9,000 원

120,000원　　6개월 무이자

➡ 한 달에　20,000 원

600,000원　　12개월 무이자

➡ 한 달에　50,000 원

79

성함 _____ 님

〈어르신 두뇌 자극을 위한 숫자 활동북〉을
끝까지 풀어 주셔서 감사합니다.
앞으로도 재미있고 건강한
하루하루 보내시기를 기원하며
사랑의 마음을 담아 감사장을 드립니다.

20___년 ___월 ___일
계림북스 드림